DU MÊME AUTEUR,

Discours contre la Peine capitale. . . . . (1828).

Histoire de l'Amiral Coligni. . . . . (1830).

(Ces deux Ouvrages se trouvent chez DELAUNAY, Palais-Royal.)

PÉTITION

A LA CHAMBRE DES DÉPUTÉS,

POUR DEMANDER

LA RADIATION DE L'ARTICLE 291 DU CODE PÉNAL,

AINSI CONÇU :

« Nulle association de plus de vingt personnes, dont
» le but sera de se réunir tous les jours ou à certains
» jours marqués, pour s'occuper d'objets religieux,
» littéraires, politiques ou autres, ne pourra se former
» qu'avec l'agrément du gouvernement, et sous les
» conditions qu'il plaira à l'autorité publique d'imposer
» à la société. »

Par M. Delaponnerave.

Commencement de janvier 1831.

L'HOMME isolé, l'homme pris individuellement, est un être faible, borné, incapable d'exécuter rien de grand, rien de parfait. Son intelligence est sans développement; ses facultés pensantes, agissantes, restent plongées dans un état complet d'inertie, de torpeur. Son âme inactive dort du sommeil de la brute. Contraint jusque dans les plus petites choses, tout est obstacle autour de lui; la vie ne lui présente qu'un sentier étroit, épineux, hérissé d'entraves insurmontables. Il est comme un captif chargé de chaînes. Aucune différence n'existe entre l'homme sauvage et la bête, entre l'homme solitaire habitant des bois, qui marche à quatre pieds, qui se multiplie par des rencontres fortuites, qui se nourrit en broutant, et le cerf, le tigre, le loup.

Mais que l'homme se rapproche de son semblable; qu'il contracte avec lui des liens d'intimité; qu'un commerce, qu'un enchaînement de rapports, qu'un échange de secours, qu'une communication d'idées, qu'une association de forces, de moyens, s'établissent entre les individus de l'espèce humaine, et bientôt vous verrez les plaines naguère incultes se couvrir de moissons dorées; vous verrez des villes opulentes s'élever à la place de marais fétides, ou d'épaisses et ténébreuses forêts; vous verrez les arts, les sciences, les lettres, étaler leurs merveilles étonnantes: voilà l'effet nécessaire de la réunion des hommes en société.

La tâche que je m'impose, c'est de fixer l'attention de la Chambre sur la question la plus grave qui puisse occuper les représentans d'une grande nation, c'est d'en appeler à toute sa sollicitude, à toute sa sagesse, pour obtenir la radiation du Code pénal de l'art. 291, subversif de toute liberté; et qui, en privant l'homme de l'avantage le plus précieux de la vie sociale, attaque ses intérêts, paralyse toutes ses facultés, anéantit tous ses élémens de bien-être.

Contester, nier le droit d'association, c'est mettre en discussion l'existence de tous les autres droits de l'homme; car le droit d'association renferme tous les autres; proscrire ce droit, c'est frapper l'homme dans l'endroit le plus sensible de son être, c'est le réduire à un rôle passif, c'est en faire un atôme, c'est le ravaler à l'état de nullité. Ce droit existe, il est évident, il est palpable, il est incontestable. Quiconque jouira donc du libre exercice de sa raison, quiconque n'aura pas déposé toute équité, toute morale, toute justice, ne contestera point le droit d'association.

Je ne m'étends pas beaucoup pour prouver son existence; c'est une question qui rentre dans la nature de celles que le bon sens, que la saine raison, résolvent sans discussion. Je ne pense pas qu'il prenne envie à personne de nier le mouvement ou la lumière; et s'il existait quelqu'un capable d'une telle ineptie, ou d'un tel aveuglement, il faudrait classer dans la même catégorie celui qui contesterait le droit d'association. Mais s'il est unanimement reconnu que l'association est un droit, le droit le plus imprescriptible, le plus précieux que puisse revendiquer l'homme, est-il nécessaire, est-il urgent, est-il indispensable qu'un gouvernement le proscrive? Ce droit est-il alarmant, est-il dangereux pour l'État? Renferme-t-il en lui de quoi exciter ses craintes, de quoi lui être nuisible, de quoi entraver sa marche, de quoi menacer son existence, de quoi compromettre la sûreté publique? Mais un gouvernement libéral et fort, qui gouverne selon la lettre de la loi, qui a pour base la justice, l'équité, et pour fin le bonheur, la prospérité du peuple, qui sympathise de sentimens, d'intentions, avec les plus honnêtes gens, son appui, cette partie de la nation, qui en est la quintescence et la force, doit-il redouter un droit qui permet à quelques citoyens de se réunir dans des vues commerciales, ou pour tout autre objet aussi peu à craindre? Dira-t-on que des associations politiques peuvent se former, qui, contrôlant les actes du gouvernement, lui suscitant des obstacles, embarrassant ses rouages, professant des opinions contraires au système qu'il suit; habiles à exaspérer la multitude, à jeter au milieu d'elle des fermens de discorde, menacent de devenir fatales au repos public, de troubler l'ordre social, d'ébranler l'état jusqu'en ses fondemens, et quelquefois de le faire écrouler au milieu du sang et des ruines? Je réponds par ce dilemme : ou le gouvernement marche avec la majorité de la nation, agit d'après l'opinion la plus généralement répandue, et par conséquent est assis sur des bases inébranlables, et alors toute attaque dirigée contre lui est vaine, toute tentative pour l'entamer, pour l'abattre, est infructueuse; ou le gouvernement ne s'appuie que sur la minorité de la nation, est en opposition manifeste avec cette majorité sans laquelle il ne peut tenir qu'au moyen de l'injustice et de l'arbitraire, et alors l'influence des associations qui lui sont contraires, qui sont formées dans un but hostile contre lui, est de peu de chose dans la balance, qui tôt ou tard l'emporte inévitablement sur lui.

Mais si nous reconnaissons en principe que le gouvernement légal, le gouvernement établi selon le vœu du pays, n'a rien à craindre des attaques des malveillans, qu'il agit, qu'il marche sans entraves et en toute sécurité, étayé, protégé qu'il est par tous ceux qui aiment l'ordre, la tranquillité, le règne des lois, fraction de la nation qui est toujours la plus nombreuse, et, quand elle sait s'entendre, la plus forte, il faut nécessairement en conclure que tout gouvernement qui sera diamétralement l'opposé de celui-ci, brisera dans les mains des citoyens toutes les armes qu'ils pourraient tourner contre lui; que tout gouvernement arbitraire, injuste, illégal, restreindra autant qu'il sera en lui, tous les moyens que la nation qu'il écrase a en son pouvoir de lui résister; il faut en conclure que, poussant jusqu'à l'excès l'inquiétude ombrageuse, compagne de la tyrannie, ce gouvernement, sans cesse en garde contre tout ce qu'il jugera pouvoir lui porter atteinte, défendra aux citoyens de s'associer, dans la crainte que cette faculté les mette à même de saper sa puissance, de briser son sceptre.

Tout gouvernement donc qui proscrit le droit d'association, accepte le reproche bien fondé d'être tyrannique, impopulaire, en dehors de la loi, parce que la proscription de ce droit est l'indice certain des alarmes, des inquiétudes d'une conscience coupable: c'est l'effet des craintes inséparables de l'illégalité, du despotisme.

Napoléon, faisant gémir la France sous le joug le plus pesant, a-t-il toléré le droit d'association? Il l'a restreint au point de le rendre illusoire, ou plutôt nul : il l'a tué. La restauration, accompagnée de son cortége de déception jésuitique, et de tyrannie méticuleuse, en recueillant avec l'avidité d'un héritier affamé la succession de l'empire, se serait bien gardée d'annuler ce précieux article du Code pénal, par lequel toute association de plus de vingt personnes est défendue. La législation napoléonienne, qu'elle abrogea en tout ce qu'elle comportait de concessions, fut maintenue par elle dans ses dispositions machiavéliques, dans tout ce qui la rattachait identiquement à l'ancien régime, c'est-à-dire à l'absolutisme et au bon plaisir. Elle n'adopta de l'empire que ce qu'il avait d'étroit, d'extra-légal, d'anti constitutionnel : l'art. 291 fut conservé en vigueur.

Est-ce le gouvernement de Louis-Philippe, enfant de la révolution de juillet, qui marchera dans les voies de l'empire et de la restauration? Est-ce l'ordre de choses établi par suite des merveilles de la grande semaine, qui a besoin de cet article 291, opprobre de notre législation, pour se soutenir, pour se maintenir, contre les assauts des agitateurs? Quoi! ces promesses solennelles d'un roi-citoyen, ces promesses faites, pour ainsi dire, sur les cadavres mutilés et encore tièdes des victimes des trois jours, ces promesses, par lesquelles tous les abus devaient disparaître, pour faire place à des institutions populaires, ces promesses resteront donc sans effet ? Quoi ! le gouvernement d'un roi qui règne par la souveraineté du peuple, ne serait donc que la continuation de deux gouvernemens étouffeurs de la liberté, oppresseurs de la nation, et qui ne sont tombés qu'à force d'exactions, que leurs actes liberticides ont entraînés dans l'abîme ?

Non, je me rassure, il n'en sera point ainsi ; non, le gouvernement qui nous régit ne voudra pas se montrer en identité de principes avec celui de Napoléon, avec celui du droit divin ; et, appuyé sur la majorité de la nation, applaudi dans ses actes par tous les amis de l'ordre légal et de la liberté, il ne voudra point agir comme s'il était odieux au pays, comme s'il était arbitraire, comme s'il n'était soutenu que par une minorité inerte, sans force, comme enfin si la faiblesse, le manque de consistance, lui imposaient la nécessité d'être injuste pour tenir debout.

Convaincu que le droit d'association ne peut en rien être nuisible à un gouvernement qui, comme le nôtre, est l'expression du vœu public, de la plus grande masse des citoyens, il nous est facile de reconnaître qu'il peut lui être, au contraire, d'une grande utilité. L'article 291, en empêchant les citoyens de se réunir, de se communiquer leurs pensées, leurs opinions, leurs intérêts, leurs projets, prive l'autorité d'un grand, d'un important avantage : celui de s'instruire de la statistique morale de la nation, si j'ose parler ainsi. La presse si précieuse au peuple, ne l'est peut-être pas moins, quoique sous un autre rapport, au gouvernement, à qui elle découvre l'état des esprits, le jugement des citoyens, sur ses actes. Le ministère Villèle est tombé pour avoir établi la censure : en bâillonnant la presse, il se mit dans la presque impossibilité de connaître l'opinion publique et, par conséquent, de déjouer les manœuvres de ses antagonistes. Le ministère enfanta la censure : la censure tua son père. Un gouvernement représentatif sans liberté de presse, serait comme une armée qui agirait au milieu d'épaisses ténèbres, et qui, ne pouvant apercevoir les mouvemens de l'armée ennemie, manœuvrerait à tâtons, en dépit de toute tactique, de toute prudence, et finirait, en tombant d'embûches en embûches, par périr. La publicité est l'âme du gouvernement représentatif ; il ne peut trop s'entourer de lumières, s'éclairer sur tout ce qui concerne l'intérêt général ; et l'association, auxiliaire de la presse, en mettant, pour ainsi dire, les opinions dans un choc, dans un frottement continuel, on fait jaillir la vérité, qui importe tant à un état véritablement constitutionnel.

L'art. 291, qui prohibe les associations, ou qui met les citoyens dans le cas d'en former de secrètes, est donc essentiellement impolitique, en ce qu'il prive l'autorité des lumières qu'elle pourrait acquérir sur l'opinion publique, de la faculté de prévenir le mécontentement, les murmures, si ses actes en faisaient naître, et d'aller au-devant des améliorations commandées par le vœu du peuple.

Je n'entreprendrai pas, Messieurs, de vous énumérer les immenses, les incalculables avantages que la nation peut retirer du droit d'association. Votre bon sens supérieur, votre haute sagacité vous dit à cet égard bien plus que je ne pourrais dire ; et de même que je n'ai pas cru devoir fatiguer votre attention par le détail des preuves sans nombre, des preuves irréfragables du droit d'association ; preuves qui, par leur évidence, deviennent fastidieuses et inutiles à reproduire ; de même je n'abuserai pas de vos précieux momens pour vous dérouler le tableau de ses avantages.

Le premier, le plus saint devoir d'un gouvernement quelconque, c'est de rendre heureux le peuple qu'il régit, c'est de travailler à son bonheur avec toute l'application, toute l'ardeur, toute l'infatigable constance d'un père qui travaille au bonheur de ses enfans : il doit épier toutes les occasions de diminuer la somme de ses maux, d'augmenter celle de ses biens, et doit les saisir avidement; les laisser échapper, c'est une perfidie, c'est une trahison infâme, c'est une infraction flagrante à ses sermens, à son mandat; mais ce n'est pas seulement une infraction à ses sermens, à son mandat, ce qui est horrible, c'est encore une infraction à ses intérêts propres, ce qui est absurde, car les intérêts du gouvernement tiennent identiquement à ceux du peuple, et les uns ne peuvent être lésés sans que les autres le soient; le peuple ne peut souffrir sans que le gouvernement souffre : le premier ne peut être heureux sans que le second se ressente de sa prospérité.

Eh bien! donc, quel gouvernement sera assez insensé, assez criminel, pour, en proscrivant le droit d'association, attaquer aussi manifestement et les intérêts du peuple et les siens? Le gouvernement de Louis-Philippe accepte-t-il un tel rôle?

J'entends les apôtres de la contre-révolution, ces champions armés contre les droits du peuple, contre les libertés publiques, contre toute espèce de concessions, je les entends s'écrier : Qu'osez-vous proposer, téméraire ? en demandant l'abolition de l'art. 291, vous demandez une conflagration générale dans l'ordre social ; vous demandez l'anarchie, vous demandez la ruine de la France, car l'association entraîne toutes ces choses ; jetez vos regards en arrière, voyez ces clubs, où de farouches démagogues, sapant pièce à pièce les vieux états de la monarchie française, firent luire sur notre malheureuse patrie un jour de sang ; voyez ces échafauds, voyez ces bourreaux abominables, voyez ces monceaux de victimes s'entassant sous les coups précipités, multipliés, de la hache révolutionnaire ; voyez cet exécrable régime de la terreur ; voyez Marat, voyez Robespierre : voilà les résultats de l'association ....

Je leur réponds : Quoi ! faut-il proscrire la liberté parce que des furieux, des anarchistes l'ont poussée jusqu'à la licence ? faut-il proscrire tout ce qui est bien, parce que tout ce qui est bien, poussé à l'excès, devient mal ? Mais bientôt les lettres, les sciences, les arts seront proscrits, parce qu'on peut en faire un mauvais usage ; bientôt l'éloquence sera frappée de réprobation, parce que dans les mains des méchans, elle peut devenir pernicieuse; bien plus : voyez où va cette conséquence aussi fausse qu'extravagante, il faudra attaquer la faculté de la parole, il faudra la proscrire, parce qu'elle peut devenir un instrument de crime..... Où nous mène une pareille argumentation?

On ose comparer l'époque actuelle à celle de 93, mais sous combien de rapports en diffère-t-elle essentiellement! Dans la première révolution je vois mille excès, mille crimes, je vois toute une génération en délire, se livrer aux désordres les plus effroyables; je vois une populace effrénée, promener, dans les rues de Paris, des têtes défigurées, des cœurs palpitans, des entrailles ensanglantées; je vois le pillage et l'anarchie; je vois partout la force brutale prévaloir sur l'ordre légal; je vois la délation érigée en vertu, la cruauté en héroïsme; je vois le père dénonçant son fils, le fils dénonçant son père; je les vois se pousser l'un l'autre sous le couteau de la guillotine, sous ce couteau fatal, qui, toujours rouge, toujours en mouvement, ne repose ni jour ni nuit, se lève, tombe sans cesse, se relève et tombe encore; je vois, les siècles à venir pourront-ils le croire? je vois ce sexe, ornement du genre humain, je vois de faibles femmes surpasser les hommes en scélératesse, épuiser leur imagination dans des raffinemens de barbarie, reculer les bornes de la férocité....... Que vois-je aujourd'hui? la patience du peuple a été poussée à bout par l'arbitraire et la tyrannie, un gouvernement anti-national a comblé la mesure de ses forfaits : soudain l'étudiant quitte ses cours; l'ouvrier, son atelier; le marchand, sa boutique; l'employé, son bureau; par un mouvement spontané, tous prennent les armes, tous se soulèvent; le trône parjure s'écroule, un roi-citoyen est proclamé, la loi fondamentale est modifiée, la liberté, la souveraineté du peuple triomphent; un nouvel ordre de choses commence; l'œuvre est consommée; alors l'employé retourne à son bureau; le marchand, à sa boutique; l'ouvrier, à son atelier; l'étudiant reprend ses occupations; nul désordre n'a été commis; pas une goutte de sang n'a été versée, si ce n'est le sang qu'a fait couler la mitraille bourbonnienne, ou celui qu'a répandu une légitime défense : le calme le plus parfait règne partout.

Et l'on veut faire un rapprochement entre la première révolution et celle de 1830. On veut se prévaloir des excès de la première, pour maintenant mettre le peuple en lanières, pour le priver du libre exercice de ses droits, pour le gêner dans ses facultés, dans ses moyens de bien-être, pour en faire un troupeau de prolétaires, d'ilotes ?

Députés des départemens, représentans du peuple français, l'univers a les yeux sur vous, la postérité vous contemple. Les Français sont mûrs pour la liberté. Quarante années d'expérience les ont grandis, les ont rendus dignes d'institutions larges et populaires, dignes de rentrer dans la plénitude des droits que le créateur a départis aux hommes. Parmi ces droits, il en est un, le plus précieux peut-être, que vous devez accorder à vos commettans, à ceux qui ont placé leur confiance en vous; vous devez proscrire du Code pénal l'article 291, qui rend ce droit fictif ou nul; vous le devez, parce que cette disposition législative est inutile, et qu'elle imprime au gouvernement qui la met en vigueur un caractère de machiavélisme, d'arbitraire, de faiblesse pusillanime, parce qu'elle est impolitique, parce qu'elle est illégale, inconstitutionnelle; vous le devez, sous peine d'être infidèles à vos mandats; vous le devez, sous peine de trahir la sainte cause de la liberté.

Imprim. de Pihan Delaforest (Morinval), rue des Bons-Enfans, n°. 34.

www.ingramcontent.com/pod-product-compliance
Lightning Source LLC
LaVergne TN
LVHW010320230826
846091LV00009B/3740
9782013591805